¡Sssssshhhhhhhhhhh!

Haz del teatro algo íntimo

Llévalo siempre en el bolsillo

Cubierta y diseño editorial: Éride, Diseño Gráfico
Dirección editorial: ángel jiménez

Primera edición: mayo, 2025

la doctrina Monroe
© Ignasi Vidal
© VdB, 2025
Espronceda, 5
28003 Madrid

VdB®

ISBN: 979-13-87644-24-6
Depósito Legal: M-12812-2025
Diseño y preimpresión: Éride, Diseño Gráfico

 Este libro protege el entorno

la doctrina Monroe

@paco navarro

Ignasi Vidal.
(Barcelona, 1973)

Comienza su trayectoria como actor en teatro, televisión y cine, destacando especialmente en el teatro musical.

En 2015 debuta como autor y director teatral con su obra *El plan*, ganadora del Premio OFF 2015, con una gira de más de dos años y estrenada en los escenarios de México, Colombia, Ecuador, Puerto Rico y Turquía. Se ha traducido a francés, italiano, turco y japonés. Desde este mismo año estrenará obras de su autoría: *Un recuerdo de Avignon, Memoria o Desierto, Pequeño catálogo sobre el fanatismo y la estupidez, El cíclope y otras rarezas de amor, Coexistance o Dribbling*, muchas con su propia dirección, destacando especialmente *Dignidad*, estrenada en los teatros del Canal con notable éxito. A este estreno en España, le seguirá una sucesión de estrenos internacionales, algunos dirigidos por el propio autor: Rumanía, Panamá, Ecuador, Colombia, Brasil, México y Argentina.

En febrero de 2020 estrena, como director y autor del libreto, el musical *Antoine* (Premio Max espectáculo revelación), sobre la vida y obra de Antoine de Saint-Exupéry. Le seguirá en 2023 el estreno de *Forever Van Gogh* en el Teatro Marquina de Madrid. A estos dos títulos se sumará el último espectáculo de la trilogía en 2025: *Mozart Desatado*.

Desde 2020 sigue estrenando títulos propios como *Lo nuestro estaba cantado, Sobre el caparazón de las tortugas* (2023), *Roca negra* (2024) y *Secretos de familia* (2024) y compaginará su trayectoria autoral con trabajos de dirección de textos.

Actualmente Ignasi Vidal cuenta con un repertorio de más de treinta textos propios, de los cuales seis han sido ya editados.

Ignasi Vidal

la doctrina Monroe

Nota del autor

¿Por qué el western apenas se prodiga en los escenarios? Siempre me pregunté esta cuestión y por pura diversión y curiosidad, acabé escribiendo esta obra sobre un género tan lejano y ajeno a España como es el «western».

Quería divertirme, la verdad. Tenía ganas de encontrar un contexto poco cultivado en nuestro teatro utilizando este género que de pequeño me divertía tanto en las tardes del sábado: todas esas películas que nos mostraban lo duro que era sobrevivir en el lejano oeste. Pues bien, esta obra no es más que la fantasía de un niño, el niño que fui. De paso, como dramaturgo, pensé que sí, que es raro este género para el teatro, pero la vida, las situaciones, las emociones, todas las emociones… son universales, se produzcan donde se produzcan. Así que no importa la época, el país —por lejano que sea—. La historia trasciende al propio tiempo y el teatro comprende todo tipo de historias que pueden ser envueltas en cualquier género, de eso no me cabe la menor duda, así que aproveché el confinamiento que todos sufrimos en 2020 para ponerme las botas, el sombrero de vaquero y subirme al caballo en busca de aventuras.

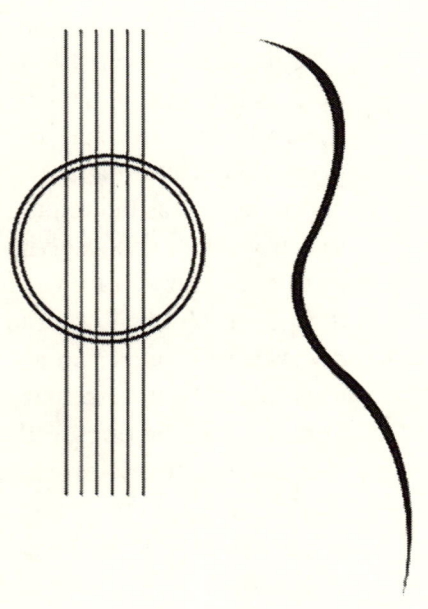

Como resultado, *La doctrina Monroe*.
¿Western en teatro? ¿Y por qué no? La próxima, una de dinosaurios. Quién sabe.

Dramatis Personae

JUAN   Un español de unos treinta y cinco años.

CAMARERO   Emiliano. Un mexicano de unos cincuenta y
            tantos.

CARLSON   Es el sheriff del pueblo de McAllen. De unos
            cincuenta y largos.

TIFFANY   Mujer de unos treinta y pocos, de nacionali-
            dad norteamericana y descendencia mexica-
            na. Regenta un hotel en McAllen.

La acción transcurre en el año 1862, segundo año de la
guerra de secesión americana, en la pequeña localidad de
McAllen, estado de Texas, justo en la frontera entre Estados Unidos y México.

Escena uno

McAllen. Un bar totalmente vacío, todo de madera. En la barra hay un CAMARERO *limpiando vasos. Entra un muchacho joven, vestido con botas y traje que en algún momento tuvo cierto glamour. Se quita el sombrero. Se acerca a la barra, y se apoya con evidentes muestras de cansancio. Hace mucho calor.*

JUAN   Buenos días.

CAMARERO   Buenos días, forastero.

JUAN   ¿Habla mi idioma?

CAMARERO   Acá casi todos hablan su idioma.

JUAN   ¿Dónde…? ¿Cómo se llama este lugar?

CAMARERO   ¿El pueblo? (*Pausa. Observa bien a* JUAN.) ¿De dónde viene?

JUAN   España.

CAMARERO   Vaya.

JUAN   ¿Ha estado en España?

CAMARERO No señor. (*Pausa. Mientras lava unos utensilios.*) Este pueblo se llama McAllen, Texas. Acá nadie ha estado en ningún sitio. En ningún otro lugar que no sean estas tierras áridas. No señor, no. No he estado en España. Spain, no. Mis abuelos eran españoles, eso sí, señor…

JUAN Por eso habla español…

CAMARERO No lo creo señor. Acá se habla español casi por toda esta zona. Cuando yo nací esto aún era México. Estamos todos mezclados, mexicanos, gringos, todos mezcladitos.

JUAN Gracias a dios, no hablo inglés.

CAMARERO Mejor que ponga remedio a eso. Aquí entender lo que le hablan a uno equivale a salvar el pellejo, ¿comprende, *mijo*[1]?

JUAN Sé alguna que otra palabra. Sé saludar… decir *good morning*… poca cosa más.

CAMARERO Eso está bien, *mijo*.

JUAN ¿Usted nació aquí?

Camarero A unas millas de acá. Mi papá era mexicano blanco. Mi mamá bien india.

JUAN Qué lugar este, ¿no?

---

[1] En México, mi hijo

CAMARERO   Este es un lugar bien *chingón*[2].

JUAN   *¿Chingón?*

CAMARERO   Sí, complicado, antes era divertido, venía gente de un lado y de otro. Pero, sabe, *mijo*, desde que empezó esta maldita guerra no pasa ya nadie por aquí. Esto es bien... *chingón*.

JUAN   Ya... algo así como jodido.

CAMARERO   Ustedes con esa boca del demonio. Qué de malas palabras dice un español, ¿verdad?

JUAN   ¿Usted cree?

CAMARERO   Sí, amigo.

JUAN   Parece que aquí la guerra no ha llegado.

CAMARERO   Acá ya no llega nada. Ni siquiera la guerra. Sí que se llevaron a algunos muchachos a Virginia, ¿sabe?, allá la guerra es bien dura. Dicen. Igual nadie sabe por qué empezó y para qué sirve. ¿Qué vino a hacer acá?

JUAN   Verá, necesito ayuda. Me han asaltado. Han asaltado la diligencia que... han matado a todos los que iban con... por suerte pude escapar pero...

----

[2] En México, adjetivo malsonante. Competente en una actividad

13

CAMARERO   ¿Se va a quedar todo el día ahí platicando o va a tomarse algo?

JUAN   (*Pausa.*) Oiga, ¿me ha escuchado?

CAMARERO   Sí. Tómese una zarzaparrilla. Le irá bien.

JUAN   ¿Qué es eso?

CAMARERO   Una especie de bebida dulce, refrescante.

JUAN   ¿De qué está hecha?

CAMARERO   Oiga usted, forastero, ¿va a estar todo el día ahí preguntando?

JUAN   Usted perdone. No querría…

(*El* CAMARERO *coge un vaso pequeño, echa un chorro de whisky.*)

CAMARERO   Mejor tómese esto. Me parece que lo necesita. Es para tipos duros.

JUAN   ¿Para tipos duros?

CAMARERO   También lo toman las viudas como pasapenas.

JUAN   ¿Las viudas?

CAMARERO   Ya lo creo. Hay muchas por esta zona.

JUAN   Vaya…

CAMARERO   ¿Y a qué venía a McAllen?

JUAN   No venía a McAllen, soy lutier. Hago guitarras…

CAMARERO   Aquí no creo que nadie esté interesado en tocar la guitarra.

JUAN   Imagino que no.

CAMARERO   Tómese ese whisky.

              (JUAN *le da un trago al whisky que le ha servido el* CAMARERO.)

JUAN   ¡Dios mío!, ¿cómo pueden tomarse eso?

CAMARERO   El primer trago siempre parece que le vaya a quemar a uno por dentro. Después el estómago se acostumbra.

JUAN   Póngame algo fresco.

CAMARERO   ¿Una zarzaparrilla?

JUAN   Lo que sea, sí.

              (*El* CAMARERO *se va en busca de la bebida, la encuentra, la sirve y se a da a* JUAN.)

CAMARERO   Tenga.

(JUAN *bebe.*)

JUAN   ¿Esto es algo fresco para usted?

CAMARERO   Oiga, forastero, nadie le obliga a entrar en mi cantina.

JUAN   Si no fuera por mí, aquí no habría ni un alma.

CAMARERO   A esta hora no suele pasar nadie por aquí.

JUAN   ¿Y qué hace la gente en este pueblo?

CAMARERO   Nadie tendría que estar aquí. Nadie está aquí por voluntad propia…

JUAN   Si son así de hospitalarios…

CAMARERO   Así que dígame qué diablos ha venido a hacer.

JUAN   ¿Otra vez? No venía aquí, tuve que… viajaba e… iba en una diligencia. Vengo de Filadelfia.

CAMARERO   ¿Eso dónde está?

JUAN   Al norte. Muy al norte. Vine en barco hasta Houston. Nos hicieron bajar del barco. Hay un bloqueo de la Unión. No dejan entrar ni salir barcos más al sur… y luego nos recogió una diligencia y….

CAMARERO   Ah.

JUAN   Llevo muchos días de viaje. Maldita guerra…

CAMARERO   ¿Y los demás?

JUAN   Ya se lo dije. Muertos, todos muertos. Yo escapé de milagro. A menos de una milla de aquí…

CAMARERO   Claro. Les han asaltado.

JUAN   Eso es.

CAMARERO   Por aquí asaltar es la principal ocupación de la gente. Da igual si hay guerra, si no… así es McAllen, amigo.

JUAN   ¿Asaltar diligencias?

CAMARERO   Cualquier cosa que se mueva.

JUAN   Pero eso no es legal. Y menos matar a gente…

CAMARERO   ¿Cómo dice?

JUAN   Me han dejado sin nada. Apenas unos pocos dólares.

CAMARERO   Ha tenido suerte.

JUAN   Necesito encontrar un cuartel de la policía para hacer una denuncia.

CAMARERO   ¿Cómo dice?

JUAN   ¡Quiero denunciar esto ante las autoridades!

CAMARERO   No, *mijo*, aquí no hay autoridades. Es decir, hay autoridad. Una. Puede ir a ver al *sheriff* Carlson, pero no creo que pueda hacer mucho.

JUAN   He sido víctima de un asalto, las personas con las que viajaba están muertas. Dígame dónde está la policía, lo que sea…

CAMARERO   Tranquilo. Ahorita mismo le digo dónde es el lugar. Tómese el trago. Le hará bien. Está usted en un lugar complicado, amigo.

JUAN   Sí, tal vez, me hará bien calmarme.

            (Pausa.)

CAMARERO   ¿En España no pasan estas cosas?

JUAN   Bueno, sí pero… Quiero decir, hay unas leyes que si uno no las cumple se busca problemas con la justicia.

CAMARERO   Pues le aconsejo que regrese a su país.

JUAN   Allí anda la cosa también un tanto revuelta.

CAMARERO   Vaya.

JUAN   Mucho cambio, ¿sabe usted?

CAMARERO   Las cosas de la política, ¿verdad?

JUAN   Bueno, es difícil de explicar. Hay dos bandos
              que pelean. Por un lado los liberales y por
              otro los tradicionalistas. Más o menos como
              ahora aquí… Están siempre peleando.

CAMARERO   ¿También tienen una guerra?

JUAN   No, por suerte, ya no. Ya la tuvimos allá.

CAMARERO   Qué cosa rara. Yo no entiendo de política, *mijo*.

JUAN   Bueno, usted me preguntó.

CAMARERO   ¿Y por qué vino a América?

JUAN   Vine porque… Tenía un negocio de instru-
              mentos. Mi familia hace guitarras. En Pam-
              plona, ¿sabe usted?

CAMARERO   ¿Y qué le ha pasado a su negocio?

JUAN   No se vende una guitarra. Póngame otro
              whisky.

CAMARERO   No ha probado la zarzaparrilla.

JUAN   La he probado. Está caliente. Para eso pre-
              fiero quemarme el estómago con esa bebida
              ardiente. Al menos… te pone a tono.

CAMARERO   (*Mira a* JUAN *sin qué quiso decir.*) ¿Qué le pasó a su negocio de guitarras?

JUAN   Tuvimos que cerrar. Antes de la guerra del 46.

CAMARERO   La guerra...

JUAN   Sí. Acabó hace trece años. En el 49 terminó. Fue un lío por cuestiones de herencia del trono de España.

CAMARERO   Vaya. ¿Y quién ganó?

JUAN   Bueno, ahí está la reina Isabel II. Y ya hubo una guerra anterior por lo mismo, cuando era yo pequeño.

CAMARERO   ¿Y qué tiene que ver eso con que usted esté por este sitio por el que no pasa ni el diablo?

JUAN   Bueno, verá, después de la guerra, el negocio se vino abajo. Aguantamos un tiempo pero hace dos años, al morir mi padre conocí a un tipo, mexicano, que me consiguió un contrato con un fabricante de maderas en Filadelfia, cerré definitivamente y me fui allí. Pero desde que ha empezado esta guerra las cosas se han puesto feas, así que decidí probar en México, donde hablan español y parecen más interesados en la música... (*Bebe, de un solo trago, el whisky que le sirvió el CA-MARERO.*) ¡Dios santo!

CAMARERO Vaya con cuidado, *mijo*. Si no está acostumbrado...

JUAN Dios santo.

CAMARERO Es fuerte, sí.

JUAN La cosa es que... es que me dirigía a México, ¿sabe usted?

CAMARERO ¿Usted sabe lo que hay ahí?

JUAN No, ¿por?

CAMARERO Amigo, México es un sitio cabrón. Ahí la vida de un forastero vale menos que la piel de un zorro. Menos que aquí, *mijo*.

JUAN Al menos no tienen montada una guerra civil y mi contacto mè dijo que allí la gente toca la guitarra y...

CAMARERO Pues no sé si son muy padres con la música, pero si realmente va a ir allá más vale que se compre un revólver y aprenda a usarlo.

JUAN ¿En serio?

CAMARERO Lamento decirle, forastero, que en estas tierras, a un lado y al otro de la frontera, la única ley que existe es la de la pistola de uno.

JUAN   Pero me han robado todo. Estoy… necesito
                algo de dinero. Necesito recuperar lo que me
                han robado y llegar a mi destino de alguna
                manera.

CAMARERO   Me temo que eso, amigo…

                *(Entra un hombre de unos sesenta años, quizás
                algo menos, en la cantina.)*

CARLSON   Buenos días.

CAMARERO   Ahí tiene usted al cheriff, amigo.

JUAN   ¿Hablo con él?

CAMARERO   Depende de lo que quiera. Ya le digo que yo
                me compraría un revólver.

JUAN   No creo que los problemas se solucionen a
                tiros.

CAMARERO   En todas partes los problemas se resuelven
                a tiros. Aquí y en su país. En todas partes hay
                guerras. Por algo será.

JUAN   No, no estamos en guerra en mi país, tuvimos
                una hace años, ya se lo dije. En cualquier caso
                es distinto. Eso fue por el trono del país. In-
                tereses, cosas difíciles de… Pero nadie roba a
                nadie. Es decir, sí pero no a punta de pistola.
                O sea, a veces sí, pero… pero… En ese as-
                pecto somos más civilizados ¿Comprende?

CAMARERO   No.

JUAN   ¿Ah, no?

CAMARERO   Igual a usted le parece más civilizado pelear-
se por un trono como hacen en su país que pe-
learse por la abolición de la esclavitud, como
hacemos acá, pero créame, es lo mismo.

JUAN   No, no. Hay leyes. En mi país hay leyes.

CAMARERO   Aquí también.

JUAN   Pero nadie parece cumplirlas.

CAMARERO   Y en su país sí se cumplen, pero hubo una
guerra por el trono. Qué raros son ustedes
los europeos.

JUAN   Sí.

CAMARERO   Y disculpe amigo. ¿Qué hay en ese trono?
¿Qué tiene de particular?

JUAN   ¿Bromea?

CAMARERO   No.

(Pausa.)

JUAN   Es… el trono de la reina. La reina manda.

CAMARERO   Qué *chingón*.

JUAN   Bueno, no es tan jodido. Digamos que es una tradición que…

CAMARERO No, no quiero decir que esté mal. En este caso *chingón* es que está *padre*[3].

JUAN   ¿*Padre*?

CAMARERO Que suena bien eso de tener una reina. ¿Quién la puso ahí?

JUAN   ¿Cómo que quién la puso? A los reyes no los pone nadie, qué tonterías dice. Están por derecho hereditario

CAMARERO ¿Y qué hay que hacer para ser rey?

JUAN   Eh… nada, Oiga, ¿me está tomando el pelo?

CAMARERO No pretendo.

JUAN   Porque si no me equivoco esto era territorio español no hace tanto. También aquí hubo rey.

CAMARERO Cuando esto fue español yo no había nacido.

JUAN   Ya, claro que no.

---

[3] En México, expresión que refleja no solo la aprobación, sino también un toque de admiración.

CAMARERO   Mire, hable con el *sheriff*. Es ese tipo de ahí…
              No tenemos rey, pero tenemos *sheriff*.

              (JUAN *se acerca al sheriff*.)

JUAN   *Good morning.*[4]

CARLSON   *Morning.*[5]

JUAN   *Hello.*[6]

              (*Pausa*.)

CARLSON   *Can I help you?*[7]

              (*El desconcierto de* JUAN *es evidente*.)

JUAN   (*Al* CAMARERO.) ¿Qué ha dicho?

CAMARERO   Ha dicho que si puede ayudarlo.

JUAN   Ah.

CARLSON   (*Habla español con un tremendo acento americano*.) ¿En qué puedo ayudar, señor?

JUAN   Oh, gracias a dios, habla usted español.

---

[4] Buenos días.
[5] Buenas.
[6] Hola.
[7] Puedo ayudarlo.

CARLSON   ¿De dónde viene, amigo?

JUAN   De Filadelfia. Estaba allí por negocios, esta-
             lló la guerra y decidí irme a México.

CARLSON   ¿En Filadelfia hablan español?

JUAN   Menos que aquí…

CARLSON   ¿De dónde es usted?

JUAN   De Pamplona.

CARLSON   ¿Pampion?

JUAN   Pamplona, España. ¿Conoce?

CARLSON   *Sure!*[8] Todos conocen España. Está en Mé-
             xico, ¿no?

JUAN   Eh… no. Europa.

CARLSON   *What?*[9]

JUAN   Que España está en Europa. Como Francia,
             Italia, Inglaterra.

CARLSON   ¿En serio? *God Damned*[10]. Una vez concoz-
             co una muchacha de España. Mujer bonita.

---

[8] ¡Seguro!

[9] ¿Qué?

[10] Maldito seas.

JUAN   Sí, las mujeres en España son muy bonitas. Y tienen carácter.

CARLSON   Sí.

JUAN   Habla muy bien el español. ¿Cómo lo ha aprendido?

CARLSON   Aquí tiene que hablar todos los idiomas. Esto es la frontera, amigo. ¿Qué está haciendo aquí?

JUAN   De eso quería hablarle. Me han robado. A menos de una milla de aquí.

CARLSON   *What?*

CAMARERO   *Somebody has stolen his money.*[11]

JUAN   (*Al* CAMARERO.) ¿Qué le ha dicho?

CAMARERO   Pues que alguien le ha robado el dinero.

JUAN   (*Al sheriff.*) Ah, sí, y no solo el dinero. Mis maletas, dos guitarras…

CARLSON   ¿Guitarras?

JUAN   Sí.

CAMARERO   *He makes guitars. It's his job.*[12]

_____

[11] Alguien le ha robado su dinero.
[12] Él hace guitarras. Es su trabajo.

JUAN   Eso lo he entendido. *Guitars*.

CARLSON   *Is this a job?*

JUAN   ¿Cómo?

CARLSON   ¿Este es un trabajo?

JUAN   Sí. Es mi trabajo. Hago guitarras y después las vendo. Soy lutier.

CARLSON   ¿Lutier?

JUAN   *Yes*.

CARLSON   *Nice to meet you,*[13] lutier. Soy el *sheriff* Carlson. Ed Carlson. ¿Han robado el dinero?

JUAN   Sí. A mí, sí, me han robado. Todo. Y mi equipaje y dos guitarras. Mataron a los tres que viajaban conmigo...

CARLSON   Lo siento, lutier.

JUAN   Yo pude escapar.

CARLSON   *I see*[14], ya lo veo.

JUAN   Ya. Me gustaría hacer una denuncia.

---

[13] Encantado de conocerlo.
[14] Veo

CARLSON   *What?*

JUAN   Pues que quisiera recuperar mi dinero, mi equipaje y mis guitarras.

CAMARERO   *He says he wants his money, his luggage and his guitars back.*[15]

              (*El sheriff* CARLSON *se ríe como si le hubieran contado un chiste.*)

JUAN   (*Al* CAMARERO.) ¿De qué se ríe?

CAMARERO   De lo que le ha dicho, *mijo.*

JUAN   (*Al* CAMARERO.) ¿Qué tiene de gracioso?

CARLSON   Lutier, aquí cuando le roban a uno, fin de la historia. Suerte que está vivo. Si no tienes que encontrar al ladrón y mater.

JUAN   ¿Mater?

CAMARERO   Matar.

JUAN   (*Al* CAMARERO.) ¿Matar? (*Al sheriff.*) ¿Matar a quién?

CARLSON   Al ladrón, *for God sake!*[16]

---

[15] Dice que quiere recuperar su dinero, su equipaje y sus guitarras.

[16] ¡Por el amor de dios!

JUAN   ¿Yo tendría que matar al ladrón?

CARLSON   *Sure.*

JUAN   Pero usted es el *sheriff.*

CARLSON   *Yeah*[17].

JUAN   ¿Cuál es su función?

CARLSON   *What?*

JUAN   Usted, el *sheriff.*

CARLSON   Yes, me.

JUAN   ¿Para qué está aquí? Usted... para... ¿cuál es su trabajo?

CARLSON   Mantener el orden. Este pueblo es un lugar lleno de peligros. Debo proteger a la gente.

JUAN   Pero quiere que yo vaya a buscar a los tipos que me robaron. Son, además, asesinos despiadados.

CAMARERO   *This man, sheriff* CARLSON, *lives in a country where there's a Queen. He's not used to our methods*[18].

---

(17) Sí

[18] Este hombre, sheriff Carlson, vive en un país donde hay una reina. No está acostumbrado anuestros métodos.

CARLSON   (*Al* CAMARERO.) *God Damned, a Queen?*[19].

JUAN   (*Al* CAMARERO.) ¿Qué dice?

CARLSON   Amigo, ¿hay una reina en su país?

JUAN   Sí, señor, Isabel II. Así se llama.

CARLSON   ¿Por qué segunda?

JUAN   Bueno, es que hubo una primera antes, ¿sabe usted? Isabel la católica.

CARLSON   ¿Y esta ya no es católica?

JUAN   Sí, sí que lo es, ya lo creo. Dios la mantenga con buena salud por muchos años.

CARLSON   ¿Y qué pasó con la primera Isabel?

JUAN   Uy, murió. Hace mucho. Muchos años. Siglos. De hecho ella es quien les descubrió a ustedes. Colón, todo eso, ¿sabe?

CARLSON   ¿Quién descubre qué?

JUAN   Da igual, querría denunciar… como le decía, esas dos guitarras son de tremenda importancia. Son de una madera única.

---

[19] Por el amor de dios, ¿una reina?

CARLSON   ¿Y usted va a ver a la reina para que le solucione los problemas?

JUAN   No, por favor, cómo voy a…

CARLSON   Perfecto. Es lo mismo aquí.

JUAN   ¡Pero aquí no hay rey!, ¿qué está diciendo?

CARLSON   Hay *sheriff. And I am.*[20] Soy yo.

JUAN   Sí, ya sé que usted es el *sheriff*. Y me han robado. Y Justamente por eso le estoy pidiendo que haga aquello para lo que le han contratado. ¡Me robaron a menos de una milla de aquí! Además, esos forajidos mataron a las tres personas que viajaban conmigo. ¿Cómo se lo tengo que decir?

CARLSON   (*Al* CAMARERO.) Emiliano, *whisky, please.*[21]

JUAN   Se supone que le pagan para eso, ¿no?

CARLSON   Si me entero de algo se lo haré saber.

JUAN   ¿Va a investigar?

CARLSON   *What?*

---

[20] Y soy yo.

[21] Por favor.

[22] Dice que si va a investigarlo.

CAMARERO   (*Mientras deja el wishky en la mesa de* CARL-
             SON.) *He says if are you going to investigate*[22].

CARLSON   *Of course not*[23]. No puedo investigar. Tengo
             que mantener el orden en la ciudad. *If I in-
             vest…*[24]. (*Al* CAMARERO.) *Translate, please* [25].

CAMARERO   *Yes.*

CARLSON   *If I investigate I could not do my job*[26].

CAMARERO   (*A* JUAN.) Sí, *mijo*, si él investiga no podría
             hacer su trabajo. No podría protegernos.

JUAN   Si les protege como protege a su hígado…

CAMARERO   ¿Cómo?

JUAN   *Sheriff*, ¿Y quién se encarga de encarcelar a
             los malos?

CARLSON   Tómese un whisky.

JUAN   Ya he tomado.

CARLSON   *Good*[27]. Salud.

---

[23] Por supuesto que no.

[24] Si yo investi….

[25] Traduce, por favor.

[26] Si investigo no podría hacer mi trabajo.

[27] Bien/Bueno.

(*Pausa.* CARLSON *bebe. El whisky le deja unos segundos petrificado.*)

JUAN   (*Al* CAMARERO.) ¿Qué le pasa?

CAMARERO   A veces el whisky le deja unos momentos *out*[28].

JUAN   ¿Y eso es normal?

CAMARERO   Tan normal como para usted tener una reina en su país.

CARLSON   *For God sake!*[29].

JUAN   ¿Qué le ocurre?

CARLSON   (*Al* CAMARERO.) *Give me another, please*[30].

JUAN   (*Al* CAMARERO.) ¿Quiere otro?

CAMARERO   (*A* JUAN.) ¿Quiere usted uno?

JUAN   No, gracias.

CARLSON   Hace mal, lutier. Un whisky a esta hora le hace revivir a uno.

---

[28] Afuera.

[29] ¡Por el amor de dios!

[30] Dame otro, por favor.

JUAN   Estoy muy vivo, señor *sheriff*, no como los tres que viajaban conmigo.

CARLSON   Nadie está vivo en McAllen. Nadie. La mejor manera de sobrevivir a este maldito pueblo es darse por muerto, lutier.

JUAN   No me extraña, señor *sheriff*. Ahí fuera hay una banda de pistoleros robando y matando y aquí nadie hace nada para evitarlo.

CARLSON   Amigo, si viaja unas cuantas jornadas al norte hay una guerra. ¿Usted cree que podemos preocuparnos por unos cuantos bandidos? Usted lo que necesita es un revolver.

JUAN   ¿Una pistola? Eso está prohibido, ¿no?

CARLSON   Estamos en guerra, no se preocupe.

JUAN   En el norte está prohibido.

CARLSON   *Faggotts*[31].

JUAN   ¿Cómo dice?

CAMARERO   (*A* JUAN.) Significa maricas. *Faggotts*. *Jotos*. Los del norte son unos *jotos*.

JUAN   ¿Por no llevar pistolas?

---

[31] Maricones·

CARLSON   Me da vergüenza esa gente que no sabe defenderse sola. Esos que necesitan que otros hagan lo que tendrían que ellos hacer. No tienen pelotas. *Faggotts*. *Fagots* abolicionistas.

JUAN   (*A* CARLSON.) Entonces, ¿me tengo que comprar un revólver?

CARLSON   *Sure*, así es, lutier.

JUAN   Me han desplumado. Me han robado todo el dinero. ¿Cómo voy a comprarme un revólver? Ni siquiera tengo para pagar lo que me he tomado aquí.

CAMARERO   No se preocupe, *mijo*, paga la casa.

    (CARLSON *se levanta de la mesa donde estaba sentado y se queda mirando a* JUAN. *Parece percatarse por primera vez del aspecto peculiar que tiene* JUAN.)

CARLSON   ¿Cúantos eran los que le robaron?

JUAN   Menos mal, por fin algo que…

CARLSON   Contesta, lutier.

JUAN   Eran por lo menos cinco.

CARLSON   El cochero también murió.

JUAN   No.

CARLSON   ¿Dónde está el cochero?

JUAN   Se fue con ellos, con los malos.

CARLSON   Era una trampa, señor lutier.

JUAN   (*Se da cuenta.*) Ya.

CARLSON   ¿Les dio todo lo que llevaba?

JUAN   ¿Qué iba a hacer? No me iba a poner a discutir.

CARLSON   ¿Y los otros que murieron?

JUAN   Muertos, en el acto.

CARLSON   ¿Dice que eran cinco los asaltantes…?

JUAN   Creo que sí, *sheriff.*

CARLSON   ¿Cómo eran?

JUAN   Solo recuerdo al jefe.

CARLSON   ¿Cómo era?

JUAN   Era rubio.

CARLSON   ¿Rubio?

CAMARERO   *It means blondey, sheriff*[32].

CARLSON   ¿*Blond*?[33].

JUAN   Eso. *Blond.*

CARLSON   ¿Era blondey tenía un solo ojo?

JUAN   Sí, ¿cómo lo sabe?

CARLSON   (*Para sí mismo.*) James.

JUAN   ¿James?

CARLSON   *Yes.* James.

JUAN   *Blond.* James Blond.

               (*Pausa.* CARLSON *parece paralizado.*)

CARLSON   Hacía tiempo que… Hacía tiempo que no sabía nada de *One-Eye James.*

CAMARERO   Hay una recompensa por su pellejo. Cuatro mil dólares, vivo o muerto.

JUAN   Vaya.

CARLSON   Gracias por la información, lutier.

               (CARLSON *empieza a andar despacio, como pensativo.*)

---

[32] Significa rubio, sheriff.

[33] ¿Rubio?

JUAN   ¿Qué va a hacer? ¿Va a detenerlo ya?

CARLSON   No, voy a tomar otro whisky.

JUAN   ¿Entonces no va a hacer nada?

                (CARLSON *se queda en silencio.*)

CARLSON   Amigo lutier. *One-Eye James* es el pistolero más rápido del Estado de Texas.

JUAN   Desde luego más rápido que usted, *sheriff*, debe ser.

CARLSON   ¿A qué se refiere?

JUAN   ¡Es increíble! ¡Es usted la máxima autoridad, *sheriff*!!, ¡si usted no levanta el culo de esa silla!, ¿cómo se va a respetar la ley?

CARLSON   Escuche usted, lutier, aquí se respeta la ley, pero *One-Eye James* es peligroso. Está muy bien protegido por sus hombres. Todos buenos pistoleros. Lamento decirle que no dispongo de suficientes hombres para detener a *One-Eye James*. Todos los buenos pistoleros fueron reclutados para la guerra contra los estados del norte.

                (*Pausa.*)

JUAN   ¿Eso es todo? Necesito algo de dinero, me han dejado sin nada. No tengo ropa, no tengo dónde pasar la noche.

(Pausa. Se escucha el aire de la calle.)

CARLSON   Amigo lutier. Tenga. *(Le da un revólver a* JUAN.*)* Primero de todo tenga esto. No es difícil usarlo. Venga a mi oficina esta tarde y le ensañaré a hacerlo. Hablaré con Tiffany. Ella lo acogerá en su casa de huéspedes. De momento es todo lo que podemos hacer. Es todo lo que puedo hacer. Emiliano, ponme otro whisky *and the same for lutier*[34].

(El CAMARERO *rápidamente sirve dos whiskys en la mesa donde estaba sentado* CARLSON.*)*

---

[34] y lo mismo para lutier.

Escena dos

El salón de una casa de huéspedes. Juan *está esperando sentado a ser atendido. Con la vista repasa la estancia. Se detiene en un retrato. Entra* Tiffany *sin que* Juan *perciba su presencia, así que ella aprovecha para examinar a* Juan.

Tiffany   ¿Es usted el forastero?

Juan   (*Sorprendido.*) Oh, perdón, estaba la puerta abierta y…

Tiffany   No se preocupe. El *sheriff* me dijo que vendría usted. No se preocupe.

Juan   Vaya. Soy Juan.

            (*Le tiende la mano a* Tiffany *para estrechársela como saludo.*)

Tiffany   ¿Juan?

Juan   Sí, ese en mi nombre.

Tiffany   El *sheriff* me dijo que se llamaba usted lutier.

Juan   (*Riendo.*) ¡No!, ¡por dios! Ese es mi oficio.

TIFFANY   ¿Qué tipo de oficio es?

JUAN   Hago guitarras.

TIFFANY   ¿Instrumentos?

JUAN   Sí. Hago guitarras. A mano. También las arreglo. A eso iba a México. Tenía la intención de abrir un taller allí. Tengo un contacto que me está esperando.

TIFFANY   Un placer.

             (*Estrecha la mano de* JUAN.)

JUAN   La del cuadro, ¿es... usted?

TIFFANY   Sí, es un retrato. Lo hizo un pintor que solía pasar por aquí.

JUAN   Bonito retrato.

TIFFANY   Gracias.

JUAN   No hay de qué.

TIFFANY   Me dijo el *sheriff* Carlson que necesitaba pasar la noche en la ciudad.

JUAN   Entre otras cosas.

TIFFANY   Bien, no se preocupe. Puede quedarse aquí. Será nuestro único huésped.

JUAN   ¿No hay más huéspedes?

TIFFANY   No, por desgracia, llegan pocos clientes.

JUAN   Vaya lo siento.

TIFFANY   Desde que empezó la guerra, con los estados de la Unión, la gente ha dejado de pasar.

JUAN   Maldita guerra…

TIFFANY   Me dijo el *sheriff* que tuvo un problema no muy lejos de aquí.

JUAN   Me asaltaron.

TIFFANY   Ah.

JUAN   Un tal One-Eye James.

TIFFANY   (*En shock.*) Dios mío.

JUAN   ¿Qué?, ¿le conoce?

TIFFANY   (*Algo afectada.*) Hacía tiempo que no se sabía nada de él.

JUAN   Sí.

TIFFANY   Lo siento.

JUAN   Habla muy bien el español, señorita Tiffany.

TIFFANY   Mi padre era mexicano hijo de españoles. En casa hablábamos español. Mi abuelo jamás aprendió ni una palabra de inglés. ¿Perdió mucho en el asalto?

JUAN   Todo. Me dejaron sin blanca y sin ropa, excepto la que llevaba puesta, claro está. También me robaron un par de guitarras.

TIFFANY   ¿Toca usted la guitarra?

JUAN   En mis ratos libres. Realmente las construyo.

TIFFANY   Seguro que tiene que ser un oficio apasionante.

JUAN   Nunca lo había visto de esta forma, si le soy sincero.

TIFFANY   ¿No?

JUAN   No.

TIFFANY   Pues tiene que ser emocionante fabricar algo con tus propias manos que después suene.

JUAN   Según cómo se mire se podría decir lo mismo del que tenga una fábrica pirotécnica.

TIFFANY   No sea usted modesto, vamos. Construir algo que hace música es algo muy bello.

JUAN   Le agradezco el cumplido.

TIFFANY   Si necesita ropa yo se la puedo prestar.

JUAN   Muchas gracias, es usted muy amable, pero dudo que quepa en uno de sus corpiños, y la verdad, no soy tan atrevido como para vestirme con uno de sus vestidos…

TIFFANY   (*Riéndose.*) No, Juan, me imagino, quiero decir que, verá, conservo en el armario la ropa de mi difunto hermano Josh.

JUAN   Lo siento. ¿Hace mucho que murió?

TIFFANY   Ahora justo hace cinco años.

JUAN   Lo lamento, señora.

TIFFANY   Señorita. Señorita Tiffany, o simplemenre Tiffany. O Tinny, como me llamaban en casa de mi familia.

JUAN   En ese caso como usted prefiera, Tinny. (*Pausa.*) ¿Cómo murió su hermano, Tinny? Si no es mucho preguntar.

TIFFANY   No, no lo es. (*Pausa.*) One-Eye James.

JUAN   Ah, vaya, lo siento.

TIFFANY   Josh le plantó cara. Tenía un negocio de venta de caballos. Había vendido una remesa de pura sangre a un comerciante del norte. One-Eye James y sus hombres le robaron los caballos una noche, en un despiste. El comerciante fue a ver entonces a Josh para reclamarle el dinero. Le habían robado dentro de este condado y desconfiaba de mi hermano... con lo bueno que era... Mi hermano le dijo que no tenía nada que ver y que resolvería el asunto si le daba un tiempo. Un día el bandido estaba en una de las cantinas del pueblo con tres de sus hombres y habían dejado los caballos amarrados en la entrada, tres caballos que Josh reconoció al instante. Entró en la cantina y se enfrentó a One-Eye James, pero uno de sus secuaces disparó a Josh por la espalda. Nadie pudo demostrar que fuera asesinado por One-Eye James porque ninguno de los numerosos testigos se atrevió a testificar en su contra en el juicio.

JUAN   Vaya.

TIFFANY   Ha tenido usted mucha suerte de conservar la vida en ese asalto. Créame.

JUAN   ¿Y no se puede hacer nada?, quiero decir, ¿no hay nadie con autoridad que pueda detener a ese asesino?

TIFFANY   Con la guerra que hay en el norte, a nadie le importa lo que sucede aquí, en la frontera.

JUAN   Y luego me preguntan que para qué sirve un rey.

TIFFANY   ¿Cómo?

JUAN   Señorita Tinny, debe ser muy complicado vivir así.

TIFFANY   Lo es. Aquí sobrevivimos.

JUAN   ¿Y por qué no se va?

TIFFANY   ¿A dónde voy a ir?

JUAN   No sé, hay muchos lugares donde una señorita como usted podría ir y establecerse.

TIFFANY   Ojalá, pero esta casa de huéspedes es todo lo que tengo y nadie me daría un dólar por ella. Así que aquí estoy, tratando de sobrevivir. De tanto en tanto aparece alguien que necesita pasar la noche en el pueblo y de eso y de una pequeña renta que me dejaron mis padres, voy tirando.

JUAN   Lamento causarle un trastorno por…

TIFFANY   No, por favor…

JUAN   En cuanto recupere mi dinero le pagaré por mi estancia aquí.

TIFFANY   ¿En cuanto recupere su dinero?, ¿qué quiere decir?

JUAN   Trataré de encontrar a ese One-Eye James.

TIFFANY   No diga tonterías.

JUAN   Señorita, soy español. Nuestro orgullo es conocido en todo el mundo. Nadie le roba a un español, a menos que se trate de otro español, claro, está.

TIFFANY   No haga estupideces. One-Eye James es muy peligroso. Quítese esa idea de la cabeza.

JUAN   Alguien tendrá que hacerlo.

TIFFANY   ¿Cuánto tiempo se quedará por aquí?

JUAN   El suficiente para recuperar lo que es mío y lo que me permita usted, claro está.

TIFFANY   No hay prisa. Quédese el tiempo que necesite.

JUAN   Gracias. Su hospitalidad y amabilidad conmigo serán recompensadas.

TIFFANY   Bueno, le dejo que suba a su habitación. Tendrá ganas de darse un baño y descansar.

JUAN   Sí, después de la práctica de tiro que me ha dado, la verdad es que me he quedado agotado.

TIFFANY   ¿Le ha enseñado a disparar el *sheriff*?

JUAN   También me ha regalado este revólver (*Saca el revolver que tenía metido en el pantalón.*) Me dijo que no es seguro andar por aquí desarmado.

TIFFANY   No lo es, no, es cierto. Pero tenga cuidado. Las armas las carga el diablo. En el armario de su habitación encontrará toda la ropa que necesite.

JUAN   Gracias. (*Yéndose.*) Hasta mañana, señorita Tiny.

TIFFANY   ¿Adónde va?, no le he dicho cuál es su habitación.

JUAN   (*Riendo.*) Es cierto, qué despistado soy.

TIFFANY   Ese pasillo por el que se iba es justo donde está mi habitación.

JUAN   (*Un tiempo.*) Ah…

TIFFANY   Tiene que subir la escalera. Su habitación es la suite número doce, la más lujosa del establecimiento. Es la que queda justo al fondo del pasillo. Confío en que esté usted cómodo. Si no, no tiene más que avisarme.

(*Pausa.*)

JUAN   Muchas gracias. No sé cómo agradecerle…

TIFFANY   No hay de qué.

               (Mutis de JUAN. TIFFANY *se queda sola. Apare-ce el sheriff.)*

CARLSON   *Good nigth*[35], Tiffany.

TIFFANY   *Hi, Ed. What are you doing here? It is too late*[36].

CARLSON   *What about the foreigner?*[37].

TIFFANY   *It looks like he's a good man*[38].

               (Pausa.)

CARLSON   *Sure. Watch out with him. There's something weird. He says he has never fired a revolver, but I think he has done it many times. Know what I mean?*[39].

TIFFANY   *No, should I?*[40].

CARLSON   *He hides something. Let's see what it is*[41].

---

[35] Buenas noches.

[36] Hola, Ed. ¿Qué haces aquí? Es muy tarde.

[37] ¿Qué pasa con el extranjero?

[38] Parece un buen hombre.

[39] Claro. Ten cuidado con él. Hay algo raro. Dice que nunca ha disparado un revolver, pero creo que lo ha hecho muchas veces. ¿Entiendes lo que quiero decir?

[40] No, ¿debería?

[41] Él esconde algo. Veremos qué es.

Escena tres

Cantina. El sheriff está en la misma mesa en la que se sentaba en el primer acto tomando whisky como si no hubiera un mañana. El CA-MARERO está en la barra. Entra JUAN *con evidentes muestras de enfado. Su aspecto es distinto. Ahora viste al modo vaquero.*

JUAN   (*Por* CARLSON.) ¡Ah, ahí está!

                (JUAN *se planta delante de la mesa de* CARLSON.)

CARLSON   *For God sake,* parece usted un auténtico cowboy.

JUAN   ¿Qué significa eso?

CAMARERO   (*Desde la barra.*) Vaquero, amigo. *Cowboy* quiere decir vaquero.

JUAN   Es... sí, bueno. Señor *sheriff.* Han pasado tres días desde que llegué. Le exijo que salga a detener a One-Eye James. Si no lo haré yo.

CARLSON   Siéntese.

JUAN   No pienso hacerlo. Y debería usted dejar de beber. No está en condiciones de hacer su trabajo.

CARLSON   ¿Eso cree?

JUAN   Sí.

CARLSON   El whisky nos hace hombres.

JUAN   ¡Nos hace hombres bebidos! En tres días ha sido incapaz de dar con ese bandido. Pues muy bien, me acaba de decir el cartero que esta mañana One-Eye James ha estado en el pueblo y que ha escuchado cómo hablaban y sabe el lugar donde se esconden, así que le exijo que…

CARLSON   ¡Basta! (*Pausa.*) ¡Emiliano! (*El* CAMARERO *sale de la barra con una vieja guitarra en la mano. Se la da a* JUAN.) Encontré esta vieja guitarra en el cobertizo. Creo que tiene todas las cuerdas. ¿Qué le parece?

(JUAN *examina el instrumento.*)

JUAN   ¿A mí?

CARLSON   Sí.

JUAN   Tiene todas las cuerdas. Le felicito, es usted muy observador.

CARLSON   Es una guitarra, ¿no?

           (*Un tiempo.*)

JUAN   Ha acertado usted. Es una guitarra.

CARLSON   Claro.

JUAN   Ya van dos aciertos, tiene todas las cuerdas,
           es una guitarra. ¿Necesita saber algo más?

CARLSON   Muy gracioso.

JUAN   No pretendía hacer gracia.

CARLSON   ¿Qué más?

JUAN   Está… vieja.

CARLSON   ¿Nada más?

JUAN   Vieja y… sucia. Tiene polvo. Y si la tocan
           suena.

CARLSON   ¿Y cómo suena?

           (*Silencio.* JUAN *se queda mirando el instrumento
           sin saber qué hacer.*)

JUAN   ¿Cómo suena?

CARLSON   Sí, ¿cómo suena?

(Juan *golpea con los nudillos sobre el cuerpo de la guitarra. Después pega la oreja a la madera y vuelve a golpear.*)

JUAN   Es… aceptable.

CARLSON   ¿Aceptable?

JUAN   Sí. Buena madera.

CARLSON   Ya.

JUAN   Aceptable.

CARLSON   *Bullshit.*

JUAN   ¿Cómo dice?

CARLSON   ¡*Bullshit*!

CAMARERO   Quiere decir «mierda de toro».

JUAN   ¿Mierda de toro?

CAMARERO   Lo que viene a ser… paparruchas.

CARLSON   Eso es, paparruchas. Es la primera vez que veo a un experto en guitarras que dice que suena bien una guitarra solo dando unos golpecitos en la madera.

JUAN   ¿Conoce a muchos expertos en guitarras?

CARLSON   ¿Me toma el pelo? ¿Toque algo?

JUAN   Bueno, hago guitarras. Pero no soy guita-
           rrista.

CARLSON   ¿Hace guitarras y no sabe tocarla?

           (Pausa.)

JUAN   No es necesario hacerlo para saber si una ma-
           dera es o no es buena. Esta es bastante buena.

           *(*CARLSON *lanza su vaso contra la pared, ha-
           ciéndolo estallar en mil pedazos.)*

CARLSON   Usted no tiene ni idea de guitarras.

JUAN   Hombre, yo no diría tanto.

CARLSON   ¿Qué es lo que esconde?

JUAN   No le entiendo.

CARLSON   ¿Cómo consiguió escapar en el asalto?

JUAN   Fue todo muy rápido.

CARLSON   Usted me dijo que eran cuatro los que iban
           en la diligencia, usted y tres más, además del
           cochero, que huyó con los bandidos.

JUAN   Sí.

CARLSON   No me dijo que sus compañeros de viaje iban armados hasta las orejas.

JUAN   ¿Ah, no?

CARLSON   Dijo que se negaron a colaborar con los bandidos y que los bandidos les dispararon.

JUAN   Fue todo muy rápido, ya le digo.

CARLSON   Sin embargo en el lugar donde los asaltaron había cinco muertos. Y dos de ellos son hombres de One-Eye James. Michael Patterson y Piggy Higgs. Y alguien los tuvo que matar. Acabo de estar ahí.

(Pausa.)

JUAN   Pues... supongo. Lo más seguro es que no murieran de muerte natural.

CARLSON   Lo más seguro es que no. ¿Qué dirías tú, Emiliano?

CAMARERO   Que no está bien decir mentiras. No señor.

CARLSON   ¿Sabe que según la ley puedo detenerlo por tratar de engañarme?

JUAN   Vaya, de repente se ha convertido en un fiel cumplidor de la ley.

(Pausa.)

CARLSON   Usted no sabe nada de guitarras. Sus compañeros de viaje se defendieron con armas y consiguieron matar a dos bandidos que eran muy buenos pistoleros, rápidos, sobre todo Piggy Higgs. Y el día que fuimos a hacer un poco de práctica de tiro... no era la primera vez que usted usaba un revolver.

(Pausa.)

JUAN   Bueno, participé como soldado en la defensa del orden en el alzamiento de los carlistas del 46. Algo me ha quedado de aquello...

CARLSON   Sí, algo se queda. Y si no fabrica guitarras, ¿qué es lo que hace realmente?

JUAN   ¿Quién dice que no fabrico guitarras?

CARLSON   ¡No me tome por estúpido!

JUAN   Perdón, no pretendo.

CARLSON   ¡Está agotando mi paciencia!

(CARLSON *desenfunda su pistola y apunta a* JUAN.)

JUAN   ¿Qué hace?

CARLSON   Dígame qué *fucking thing*[42] está haciendo en mi pueblo.

JUAN Ya se lo he... dicho...

(CARLSON *baja el martillo del revolver. Silencio. Entonces* JUAN *empieza a tocar la guitarra. Primero con timidez. Después de manera más suelta. Toca una pieza de flamenco. En ese momento, entra en la cantina* TIFFANY.)

TIFFANY No me lo puedo creer. Ha decidido hacer un concierto sin avisarme, Juan. Eso no está nada bien... (*Repara en que* CARLSON *está apuntando con el revolver a* JUAN.) ¿Qué está pasando aquí?

JUAN Ya lo ve, soy tan tímido que para tocar en público necesito que me apunten con una pistola.

(*Pausa.* CARLSON *vuelve a subir el martillo del revolver y enfunda.*)

CARLSON Bravo.

TIFFANY Juan, ¿está todo bien?

JUAN Sí, sí, Tinny.

CARLSON ¿Tinny?, vaya, veo que se han hecho muy amigos en poco tiempo.

TIFFANY Tinny es mi nombre familiar.

---

(42) Maldita cosa.

CARLSON   *I know, Tinny. I know it.* (Ríe.) *Is he familiar for you?*[43].

TIFFANY   *It's not your bussiness*[44].

(Pausa.)

CARLSON   Lutier, más vale que se le aclaren las ideas. Sé que esconde algo. Sé que usted no es quien dice ser. Aunque toca la guitarra muy bien. Pero hay algo que no encaja.

JUAN   Sí, hay algo que no encaja. Empezando porque usted tendría que dedicar su tiempo en hacer bien su trabajo en lugar de vaciar botellas de whisky. No se preocupe. Voy a salir yo mismo a buscar a One-Eye James. Recuperaré mis cosas y cobraré esa recompensa que hay sobre su cabeza.

CARLSON   Está usted loco si cree que va a acabar con One-Eye James. Antes de que usted haya pensado en desenfundar él ya le habrá metido tres balas en el pecho.

JUAN   Eso ya lo veremos. Tenga un buen día sheriff. (Hace un gesto de despedida mientras se pone el sombrero.) Emiliano.

CAMARERO   Tenga cuidado, señor.

---

[43] Lo sé, ya lo sé. ¿Él te resulta familiar?

[44] No es asunto tuyo.

JUAN   Tinny, tenga un buen día usted también.

            (JUAN *sale de la cantina.*)

TIFFANY   *Nobody is gonna do anything?*[45].

            (CARLSON *se ríe.*)

CARLSON   *Oh, my God, you fall in love with him*[46].

TIFFANY   *I wish there were more men like him in this town. Things would be different*[47].

            (*Sale de a cantina.*)

---

[45] ¿Nadie va a hacer nada?

[46] Oh, dios mío, te has enamorado de él.

[47] Ojalá hubiera más hombres como él en este pueblo. Las cosas serían muy diferentes.

Escena cuatro

Habitación de JUAN. *Se está preparando para salir. Llaman a la puerta.*

JUAN   Pase.

              (*Entra* TIFFANY.)

TIFFANY   ¿Molesto?

JUAN   No. Usted nunca molesta.

TIFFANY   ¿De verdad va a ir a buscar a One-Eye James?

JUAN   ¿Qué otro remedio queda? Ese hombre… ese hombre, el *sheriff* Carlson, es la razón por la que pasan las cosas que pasan en este mundo.

TIFFANY   Sí, pero no vale la pena jugarse la vida por un equipaje y un par de guitarras por buenas y especiales que sean.

JUAN   No se trata de…

              (*Pausa.*)

TIFFANY   ¿De qué? (*Silencio.*)¿Por qué es tan impor-
             tante ese equipaje?, esas guitarras, ¿no es us-
             ted lutier? Puede hacer más guitarras, no es
             necesario que se juegue la vida. ¿O es ver-
             dad lo que dice el sheriff? (*Pausa.*) ¿Qué es-
             conde, Juan?, ¿quién es usted realmente?

JUAN   ¿Tan importante es lo que yo sea o deje de ser?

TIFFANY   Para mí sí.

             (*Un tiempo.*)

JUAN   ¿Ah, sí?

TIFFANY   Sí.

JUAN   Vaya.

TIFFANY   Es importante para mí.

JUAN   ¿Y el *sheriff* Carlson? (*Un tiempo.*) ¿Fue im-
             portante también para usted?

             (*Pausa.*)

TIFFANY   Cuando murió mi hermano Josh, estaba deso-
             rientada. No sabía qué hacer, a quién acudir.
             Estaba sola en este mundo. Con Ed todo es-
             taba en calma. Tal vez no era lo que yo es-
             peraba de la vida, pero me sentía protegida
             y eso era lo que necesitaba entonces. Una
             tarde fui a su oficina a llevarle unos pasteles

que había hecho por la mañana. Entré y me encontré a One-Eye James frente a frente, detenido, entre rejas y sentado en su despacho estaba Ed. Me quedé muda de la impresión. A la vez mi corazón latía de satisfacción, se había hecho justicia... y entonces One-Eye James dijo: ¿No me vas a presentar a mi madrastra, padre? Salí de allí corriendo. Me fui a casa. Quise terminar con mi vida. Ed vino detrás de mí. Me dijo que no podía decírselo a nadie. Nadie sabía que One-Eye James era su hijo. Hijo del representante de la ley. También me dijo que One-Eye James siempre había respetado nuestro pueblo para no perjudicarlo, pero que por lo visto no podía saber que los caballos de ese comerciante se los había vendido mi hermano Josh. En fin, que... que por mí, por el amor que sentía por mí, había ido a detenerlo. Él no soportaba la idea de estar conmigo sabiendo que su hijo, su único hijo, había matado a mi hermano y yo no soporté estar con el hombre cuyo hijo había matado a mi único hermano. Le pedí que se fuera. También le pedí que no entregara a su hijo a la justicia porque seguro que lo habrían condenado a la horca y... al fin y al cabo era su hijo. Ed por lo visto, a cambio de dejarlo ir, le hizo jurar que nunca más aparecería por el pueblo, incluso por el estado.

JUAN   Dios mío. Fuiste muy generosa con el sheriff. Nunca le contaste a nadie que él era el padre de...

TIFFANY   Bastante desgracia es ser el padre de un ase-
               sino. Pero no pude seguir con él. Con el tiem-
               po la herida entre los dos cicatrizó. De tan-
               to en tanto insiste, pero… Me ayudó a mon-
               tar esta casa de huéspedes, gracias a la cual
               subsisto. (*Pausa.*) ¿Y tú? ¿quién eres?

               (*Pausa.*)

JUAN   Soy lutier. (*Pausa.*) Más bien, lo fui. Y sí, fui
               llamado a filas en la guerra por el trono de
               España del 46 al 49. Me convertí en un fusi-
               lero muy experimentado. Tanto es así que
               acabé en la guardia personal de Isabel II. Y
               es cierto, teníamos un negocio de guitarras
               e instrumentos en Pamplona. Tuvimos que
               cerrar. Yo había luchado en el bando guber-
               namental y Pamplona era feudo carlista. Di-
               fícil… hace dos años conocí a un mexicano
               en Madrid, que vivía en Baltimore, dedicado
               al negocio de la madera. Me convenció para
               venir a América y hace un año, más o me-
               nos, llegué y me establecí más al norte, en
               Filadelfia. Y hasta aquí, todo lo que he con-
               tado es verdad.

TIFFANY   Sí, pero no ibas a México a levantar ningún
               negocio de guitarras.

JUAN   Es absurdo, ¿verdad?

TIFFANY   Ahora que lo pienso sí.

JUAN   Lo que te voy a contar es muy delicado. Confío en ti.

TIFFANY   Lo sé.

(Pausa.)

JUAN   Tinny, México es actualmente... es difícil de entender, pero España, Francia e Inglaterra tienen intereses muy importantes en el país. El gobierno de Benito Juárez ha dejado de pagar la deuda externa que tiene México. Los ingleses y los franceses, aprovechando la suspensión momentánea de la doctrina Monroe por la guerra Civil en Estados Unidos...

TIFFANY   ¿La doctrina qué?

JUAN   La doctrina Monroe. El tal Monroe fue presidente de Estados Unidos hace treinta años. Según esta doctrina cualquier intervención europea en América sería un acto de guerra contra los Estados Unidos. Pues bien, Los ingleses y los franceses han mandado tropas a México. Los franceses pretenden echar al gobierno legítimo de México e imponer a Maximiliano de Austria como emperador, y para ello están pactando con los sectores más conservadores de la sociedad y de la política en México. Los ingleses pretenden dar una salida menos traumática al problema. Pues bien, La reina de España, Isabel II, para no perder influencia en las antiguas colonias del imperio, envió, también, un destacamento militar. Lógicamente se opone a los planes de los franceses para imponer un emperador…

TIFFANY   ¿Por qué es todo tan complicado?

JUAN   Eh… porque… porque nosotros siempre estamos enfrentados. A veces con los franceses, otras con los ingleses. Así somos en Europa. Nos hemos aliado y enfrentado entre nosotros constantemente, ¿entiendes?

TIFFANY   No.

JUAN   Yo tampoco, pero así es.

TIFFANY   ¿Y usted qué tiene que ver en todo esto?

JUAN   La Reina Isabel nombró al general Prim para comandar las tropas españolas y los intereses de la corona en México. Prim trató de llegar a acuerdos con los ingleses para desbaratar los planes de Francia. Hace dos meses el general Prim viajó a Nueva York, Filadelfia y Washington para entrevistarse con el presidente de los Unionistas, Abraham Lincoln y con el General McClellan, comandante del ejército de Potomac.

            (Pausa.)

TIFFANY   ¿Y?, le repito, ¿qué tiene que ver usted con todo esto?

JUAN
Buena pregunta. Verá, Tinny, uno no deja nunca de ser soldado de su majestad. Simplemente estoy en la reserva. Cuando el General Prim llegó a Filadelfia hubo una recepción con los españoles que vivíamos allí. Cuando fuimos presentados le conté mi pasado militar. Al cabo de unos días recibí un encargo de parte del General Prim a través de uno de los militares que lo acompañaban en la comitiva.

TIFFANY
¿Un encargo?

JUAN
Sí y debía hacerse en secreto, fuera de cualquier vía diplomática ordinaria, si no se quería causar un conflicto a gran escala. Para controlar la influencia de franceses e ingleses en México y con el fin de evitar que en un futuro pudieran desde allí dar apoyo a los Confederados si la guerra civil se prolonga en Estado Unidos... el gobierno Lincoln concedió en secreto una enorme cantidad de dinero a la corona de España para organizar grupos insurgentes contra los ocupantes extranjeros en México y fui el elegido para llevar ese dinero...

TIFFANY
Dentro de esas guitarras...

JUAN
Hay un millón de dólares que ahora está en manos de un bandido asesino.

TIFFANY
Deben sonar muy bien esas guitarras.

JUAN   Sí, podría decirse que sí. ¿Comprende ahora, señorita, por qué no podía decir la verdad al *sheriff*? ¿Comprende lo urgente que
es que encuentre a ese bandido asesino?
Debo llegar a Monterrey cuanto antes. Tuvimos la mala fortuna de que el barco que
nos llevaba a la Habana para ir desde ahí a
nuestro destino se vio detenido en Houston
por el bloqueo que las tropas Unionistas de
Lincoln hacen en los puertos comerciales.
Como no podía desvelar el motivo de nuestro
viaje, decidimos que viajaríamos en diligencia hasta allí. Iba con tres buenos fusile-
ros del ejercito del norte, vestidos de civil,
que, desconocedores del motivo de mi viaje, me custodiaban para que llegara sano y
salvo a mi destino. Esos hombres murieron
pensando que estaban custodiando a un importante diplomático español. Qué absurdo.

TIFFANY ¿Y qué ocurre si no llega a Monterrey?

JUAN   Da igual si llego o no a Monterrey. Lo importante es que llegue el millón de dólares y
para eso tengo que encontrar a One-Eye James... y matarlo si es necesario para recuperar ese dinero. De lo contrario van a pensar
en Monterrey, en Washington y en mi país
que me fugué con el dinero. Y... no debería
haberle dicho esto, supongo. La pongo en un
compromiso y... aquí están en guerra y ustedes, los de la parte confederada...

TIFFANY   ¿Cree que le delataría? ¿Tengo, acaso, pinta
           de esclavista? Estoy en contra de esta guerra,
           que por suerte apenas ha llegado hasta aquí,
           pero más en contra estoy de la esclavitud. Soy
           partidaria de los estados de la Unión.

JUAN   Vaya. Me alegro, gracias.

TIFFANY   Tiene otra opción.

JUAN   ¿Ah, sí?

TIFFANY   Podría quedarse aquí.

JUAN   ¿Quedarme aquí?, ¿para siempre?

TIFFANY   Sí.

JUAN   ¿Aquí en su hotel?

TIFFANY   Sí.

JUAN   Tarde o temprano alguien me descubriría.
           Cuando acabe la guerra civil en el norte todo
           volverá a la normalidad. Esta es tierra de paso
           de un lado a otro y además…

           (*Pausa.*)

TIFFANY   Además, ¿qué?

JUAN   Se trata del honor. De hacer lo que es justo.

TIFFANY   Ya no quedan hombres como usted.

JUAN   Gracias por el cumplido pero le aseguro que hay gente que se deja la piel por los demás.

TIFFANY   No por estas tierras, se lo aseguro.

JUAN   Tal vez su hermano Josh fuera la excepción a la regla. Por lo que me contó él murió por hacer lo que debía.

TIFFANY   Usted se habría llevado de maravilla con Josh. Eran muy parecidos.

JUAN   Lo acepto como un cumplido.

TIFFANY   ¿Y cuándo piensa ir a buscar a One-Eye James?

JUAN   En cuanto esté listo.

TIFFANY   No tiene ni siquiera un caballo.

JUAN   No. Cierto.

TIFFANY   Conservo aún unos pocos caballos en el establo de Josh. Puede coger el que quiera. Son buenos caballos.

JUAN   ¿Haría usted eso por mí?

TIFFANY   Sí.

JUAN   Gracias.

TIFFANY   Con una condición.

JUAN   ¿Una condición?

TIFFANY   Sí. Debe dejar que lo acompañe.

JUAN   ¿A buscar a One-Eye James?

TIFFANY   Sí.

JUAN   ¿Pero se ha vuelto loca?

TIFFANY   Puede.

JUAN   No puedo permitirlo. Esto es asunto mío.

TIFFANY   También lo es mío si se para a pensarlo.

JUAN   No voy a dejar que se juegue la vida por algo
            que no le incumbe.

TIFFANY   One-Eye James mató a mi hermano. Tengo
            derecho a… hacer justicia.

JUAN   Ya la hizo. Lo hizo de una forma sabia cuan-
            do le dijo al *sheriff* Carlson que dejara esca-
            par a su hijo.

TIFFANY   El trato era que no debía volver a dejarse caer
            por este territorio. Tengo derecho a acom-
            pañarlo a resolver este asunto.

JUAN   ¿Pero usted sabe manejar un arma?

TIFFANY   ¿Me está subestimando?

JUAN   No es mi intención.

TIFFANY   Apuesto a que soy mejor tiradora que usted.

JUAN   Lo dice para convencerme, pero no puedo aceptar.

TIFFANY   Entonces no hay caballo.

JUAN   No la creo capaz de ponerme en un compromiso así.

TIFFANY   Yo que usted no me arriesgaría a probarlo.

            (*Pausa.*)

JUAN   No me perdonaría si le ocurriese cualquier cosa.

TIFFANY   La vida es bastante aburrida en este pueblo. Me hará bien un poco de emoción.

JUAN   Esto no es un juego, señorita Tinny.

TIFFANY   Lo sé, Juan.

            (*Pausa.*)

JUAN   Además de ser una estupenda anfitriona, simpática, inteligente y muy bella, es usted muy testaruda.

TIFFANY   Celebro que se haya dado cuenta. Así no po-
           drá decir que no estaba prevenido.

JUAN   ¿Prevenido para qué?

           (Pausa.)

TIFFANY   Voy a prepararme. Antes de ir a por One-Eye
           James me daré un baño. Si la cosa sale mal
           no querría presentarme ante el altísimo sin
           oler bien.

           (Pausa.)

JUAN   Sabia decisión.

TIFFANY   Ya sabe cuál es mi habitación, por si necesita
           cualquier cosa. No dude en pedirla. Y no lla-
           me para entrar. No es necesario que lo haga.

           *(TIFFANY sale. JUAN se queda solo, pensativo.
           Se mira al espejo.)*

           Oscuro.

Escena cinco

Cantina. El Camarero *está ocioso, leyendo un periódico. Sentado en la mesa de siempre se encuentra el sheriff* Carlson, *cómo no, tomando whisky.*

Carlson   Esta tarde me han dicho que el español partió a caballo.

Camarero   Pues lo vi pasar, sí.

Carlson   La señorita Tiffany iba también.

Camarero   Eso me pareció, *sheriff.*

Carlson   *Do you think they were going looking for One-Eye James?*[48].

Camarero   *Maybe*[49].

Carlson   *They must be dead*[50].

Camarero   ¿Quién sabe?

---

[48] ¿Crees que van en busca de One-Eye James?

[49] Tal vez.

[50] Ellos deben estar muertos.

CARLSON   Es de noche.

                    (*Pausa.*)

CAMARERO   Imagino que está usted preocupado.

CARLSON   *Me?*[51].

CAMARERO   *Yeah, for her*[52].

                    (CARLSON *se levanta de la silla y va hacia la barra. Coge al* CAMARERO *de la solapa. Lo abofetea.*)

CARLSON   *Listen to me. I'm not worried about anyone. I just take care of my fucking ass. You understand?*[53].

CAMARERO   *Yes, sheriff.*

                    (*Pausa.*)

CARLSON   *Give me another whisky*[54].

CAMARERO   *Yes, sheriff.*

                    (*Pausa.*)

---

[51] ¿Yo?

[52] Sí. Por ella.

[53] Escúchame. No me preocupo por nadie. Solo cuido de mi maldito trasero. ¿Entiendes?

[54] Ponme otro whisky.

CARLSON   ¡Ahora mismo!

(El CAMARERO *rápidamente hace lo que le pide* CARLSON. *De la calle se escucha que llegan unos caballos. Entra* JUAN, *con dos fundas de guitarra.* CARLSON *lo observa con gesto de sorpresa. Realmente no esperaba volver a ver a* JUAN *vivo.* JUAN *deja las dos guitarras apoyadas en una mesa. Se quita el sombrero y lo deja en la mesa, junto a las guitarras. Después se descuelga otro sombrero que lleva colgado en la espalda y lo lanza a los pies de* CARSON.)

JUAN   Emiliano, ponme un *whisky.* (*Silencio.* CARLSON *recoge el sombrero que* JUAN *le lanzó.*) ¿Reconoce ese sombrero?

(*Pausa.*)

CARLSON   *Sure.*

(*Pausa.*)

CAMARERO   (*Le lleva el whisky a* JUAN.) Diosito lindo, acaba de ganarse cuatro mil dólares, señor.

JUAN   Gracias, por el whisky, Emiliano. No, no me los he ganado yo. Realmente los ganó la señorita…

(TIFFANY *entra en el bar.*)

TIFFANY   Digamos que el mérito fue compartido. Me tomaré otro, Emiliano, si eres tan amable.

CAMARERO   Pues cómo no señorita, ahorita mismo le sirvo.

           (*Pausa.*)

CARLSON   *Congratulations*[55]. ¿Cómo lo consiguieron?

JUAN   No sé si es muy oportuno entrar en detalles… por la cuenta que le trae. Al fin y al cabo perder a un hijo no debe ser agradable.

CARLSON   Tinny, *you cannot be quiet*[56]. No se preocupe, lutier, realmente me han hecho un favor.

JUAN   Entonces celebrémoslo. Estamos todos satisfechos.

CARLSON   Me parece que enseñé a disparar a la señorita muy bien. ¿Y el resto de la banda?

JUAN   No ofrecieron ninguna resistencia. En cuanto cayó el jefe huyeron despavoridos.

TIFANNY   Lo siento Ed, pero se ha hecho justicia. One-Eye James no volverá a hacerle daño a nadie.

---

[55] Enhorabuena.

[56] No puedes estar tranquila.

CARLSON   Sin duda. (*A* JUAN.) Lo que me parece increí-
               ble es que se haya jugado el pellejo por un
               par de guitarras.

JUAN   Ya le dije que son muy buenas.

CARLSON   ¿Muy buenas?, ¿tanto como para perder la
               vida por ellas?

JUAN   Ya ve que no ha sido así.

               (CARLSON *desenfunda la pistola sin que a* JUAN,
               ni a TIFFANY *les dé tiempo a reaccionar.*)

CARLSON   No cante victoria tan pronto. Nunca es tarde
               para perder la vida. Desabrochense los cintu-
               rones y dejen caer los revólveres. Los dos, tú
               también Tinny.

               (*Tinny y* JUAN *se desabrochan los cinturones y
               dejan caer las pistolas al suelo.*)

JUAN   Cálmese, *sheriff*.

CARLSON   Estoy muy calmado. Debo felicitar a la pare-
               ja. Han hecho lo que nadie ha sido capaz de
               hacer. Debo decir que este hijo mío siempre
               fue… Su madre murió en el parto y desde en-
               tonces ha sido un niño muy revoltoso. *Know
               what I mean?*[57]. Sí, realmente empezaba a ser

---

[57] ¿Sabes lo que quiero decir?

a pain in the ass[58]. Como dicen ustedes, los hispanos, un dolor de muela. Bravo. Pero todavía no entiendo bien por qué se ha jugado la vida por dos *fuking guitars*[59].

JUAN   El orgullo…

CARLSON   *Bullshits.*

JUAN   Los españoles somos muy orgullosos.

CARLSON   Me está tomando el pelo. Abre esa funda, Tinny. *Open it, right now!*[60].

            (TIFANNY *abre una de las dos fundas.*)

JUAN   ¿Lo ve?

CARLSON   La otra, Tinny. (TIFFANY *abre la otra funda.*) Coja una guitarra, Juan.

JUAN   (*Señalando una de las dos.*) ¿Esta?

CARLSON   La que quiera.

JUAN   Claro. Cogeré esta.

            (JUAN *coge una de las guitarras.*)

---

[58] Un dolor en el culo.

[59] Jodidas guitarras.

[60] ¡Ábrela, ahora mismo!

CARLSON   ¿Y?, ¿cómo suena?

JUAN   Suena de maravilla. Se lo garantizo. La hice yo.

CARLSON   Perdone si soy un poco desconfiado. Toque un poco.

JUAN   Soy muy tímido. Me cuesta...

             (El sheriff dispara su revolver acertando en el vaso de whisky que JUAN tiene en la mesa.)

CARLSON   Veamos si así se anima.

TIFFANY   ¡Ed!

CARLSON   *Yeah, honey?*[61].

TIFFANY   *This is... calm down*[62].

CARLSON   *Be quiet, Tinny. You've already talk too much*[63].

JUAN   ¿Realmente quería darle al vaso?

CARLSON   Yo no me jugaría nada. La próxima irá entre ceja y ceja.

JUAN   Buena puntería.

---

[61] ¿Sí, cariño?

[62] Esto es... cálmate.

[63] Cálmate, Tinny. Ya has hablado demasiado.

CARLSON   One-Eyed James tuvo de quien aprender.

JUAN   Claro.

CARLSON   Toque esa guitarra. Quiero saber por qué es tan valiosa. ¡Toque! *Right now!*[64].

   (JUAN *toca la guitarra. A pesar de que tiene todas las cuerdas y de que su aspecto es normal no suena.*)

JUAN   Es… un sonido… especial.

CARLSON   Ya lo creo. Toque la otra.

JUAN   ¿La otra?

CARLSON   Está empezando a temblarme el dedo en el gatillo. Toque la otra le digo.

   (JUAN *deja la guitarra que acaba de hacer sonar y coge la otra guitarra.*)

JUAN   Esta… es parecida…

CARLSON   Toque.

   (JUAN *toca. Igual que la otra, apenas emite sonido.*)

---

[64] ¡Ahora mismo!

JUAN   Algo les debe haber sucedido con tanto viaje
                arriba y abajo. Son instrumentos delicados.

CARLSON   Usted cree que soy un cretino, ¿verdad?

JUAN   No, señor *sheriff*, para nada. Un poco aficio-
                nado a la bebida… tal vez demasiado, eso sí,
                pero un cretino… no.

CARLSON   Odio a los chistosos.

JUAN   Vaya.

                (CARLSON *se acerca a* JUAN, *coge una de las gui-
                tarras.*)

CARLSON   *For God sake*[65], pesa un poco esta guitarra.

JUAN   Es de madera buena.

CARLSON   Utilizó un árbol entero para hacerla.

JUAN   Con sus hojas y sus raíces. Lo aproveché todo.

CARLSON   Nadie se jugaría la vida y menos la de su ama-
                da por dos simples instrumentos musicales.

JUAN   Bueno, para algunos la música lo es todo aun-
                que creo que está yendo demasiado lejos con
                lo de mi amada.

---

[65] Por amor de dios.

TIFFANY   ¿No me amas?

JUAN   Tinny, no quiero decir que… trato de ser discreto. Sí, sí te amo.

CARLSON   Qué tierno. Ha estado usted a punto de tener su primera discusión de pareja.

JUAN   No, no se crea, *sheriff*, ya tuvimos una antes para elegir el camino de vuelta.

CARLSON   Ahora entenderá por qué una mujer tan bella está soltera y sin compromiso. Veamos cómo de bien ha hecho usted estas guitarras.

JUAN   No haga eso, es feo romper un instru…

           (CARLSON *manipula la guitarra. Resulta que se abre como una caja. Caen fajos de billetes de dentro.*)

CARLSON   *Oh, my God*[66]. (*Coge la otra guitarra. Hace lo mismo. Vuelven a caer más fajos de billetes.*) Dios mío, aquí debe de haber un millón de dólares.

JUAN   Qué buen ojo tiene usted.

CARLSON   Ahora lo entiendo todo. Solo un loco cruzaría un país en guerra sino fuera por una buena razón. ¿De dónde ha sacado esto?

---

[66] Oh, dios mío.

JUAN   Es una larga historia.

CARLSON   Lo siento, pero voy a tener que liquidarles…
              creo que no hay suficiente dinero para todos.
              Digamos que acepto esto como compensa-
              ción por haberme dejado sin hijo.

JUAN   Está cometiendo un grave error. Hay gente
              muy importante esperando este dinero. Yo de
              usted lo volvería a dejar donde lo encontró.

CARLSON   No me haga reír.

JUAN   En serio, hagamos una cosa. Le damos el di-
              nero de la recompensa por One-Eye James…

TIFFANY   Vaya, empezaste diciendo que ese dinero era
              mío…

JUAN   Tinny…

TIFFANY   Al menos podrías preguntar.

JUAN   Dios mío…

CARLSON   ¿Lo ve?, voy a ahorrarle muchas discusiones
              futuras, lutier. Debería darme las gracias

JUAN   Me llamo Juan, de oficio lutier.

CARLSON   Pensaba que lutier era su nombre. Ya me so-
              naba raro.

JUAN   Pues no, ya ve que no, *sheriff*.

CARLSON   Ya basta, despídanse, pareja.

TIFFANY   Ed, *please*...[67].

CARLSON   (*A* TIFFANY.) *Be quiet*[68]. Me quedo con todo, con el millón de dólares y con la recompensa para regalársela a Emiliano. Usted primero, Juan.

            (*Suena un disparo, pero en lugar de caer* JUAN *el que cae es* CARLSON. *Entonces* JUAN *y* TIFFANY *se dan cuenta de que el* CAMARERO *está sujetando un revolver.*)

CAMARERO   Este hombre es un tacaño, ¿no les parece? Con todo ese dinero y el muy cretino me da el dinero de la recompensa... no señor, no es una manera de tratar a la gente.

            (*Pausa.*)

JUAN   Gracias, Emiliano. (JUAN *se acerca a* TIFFANY *y la abraza.*) ¿Estás bien, Tinny?

TIFFANY   Sí, ¿tú?

JUAN   Perfectamente.

---

[67] Ed, por favor.

[68] Tranquila.

TIFFANY	Así que ibas a darle el dinero de la recompensa sin preguntarme.
JUAN	No me lo tengas en cuenta.
TIFFANY	No te preocupes.
JUAN	Tengo que descansar y salir a primera hora hacia Monterrey.
TIFFANY	¿No pensarás ir solo?
JUAN	¿Quieres acompañarme?
TIFFANY	Me temo que de lo contrario ese dinero no llegará a Monterrey.
JUAN	Te amo.
TIFFANY	Y yo a ti. Emiliano, pon unos whiskies.
CAMARERO	Brindaré con ustedes si no les importa.
JUAN	Por favor, amigo. Será un honor.

(*Baja la luz. La cantina queda únicamente iluminada por un rayo de luna que entra por una de las ventanas. Los tres beben.*)

Escena seis

Se ilumina una habitación. Es distinta de la habitación de la casa de huéspedes de TIFFANY. JUAN *aparece con una toalla, como si acabara de salir del baño.*

JUAN   Querida, ¿cómo vas?

TIFFANY   (*Voz en off.*) Bien.

JUAN   Perfecto, porque vamos tarde y no se puede llegar tarde a una recepción con la reina.

TIFFANY   (*Voz en off.*) Yo casi estoy. Eres tú el que acabas de salir del baño.

JUAN   Acabo de salir del baño porque has estado en él tres horas.

TIFFANY   (*Voz en off.*) No es cierto. En realidad te quedaste dormido.

           (JUAN *busca algo con insistencia.*)

JUAN   ¿Cariño, dónde dejé mis calzas?

TIFFANY   (*Voz en off.*) Un día perderás la cabeza.

JUAN   No te preguntaba por mi cabeza, te preguntaba por mis calzas.

TIFFANY   (*Voz en off.*) No lo sé, yo las vi encima del tocador.

JUAN   No, no están ahí.

TIFFANY   (*Voz en off.*) Eran las calzas blancas, ¿no?

JUAN   Sí, las de la boda. Esas mismas.

TIFFANY   (*Voz en off.*) Igualmente están un poco viejas. Ponte unas más nuevas.

JUAN   No quiero unas más nuevas, quiero esas. Y no tenemos más tiempo que perder.

TIFFANY   (*Voz en off.*) Te dije que te levantaras antes.

JUAN   ¿Cuándo?

TIFFANY   (*Voz en off.*) Estabas tan dormido que no me escuchaste.

JUAN   (*Hace sonar una campanilla.*) No, no te escuché.

(*Entra el* CAMARERO *ahora vestido con uniforme de mayordomo.*)

CAMARERO   ¿Sí, *mijo*?, ¿pero qué hace aún así, hombre? Van a llegar tarde a la recepción con la reina.

JUAN   No me pongas nervioso, Emiliano, no encuentro mis calzas blancas, las dejé en la cómoda y…

CAMARERO   ¿Estaban limpias?

JUAN   Sí.

CAMARERO   Me temo que las confundí y las puse para que las limpiaran.

JUAN   Dios mío…

CAMARERO   Igualmente, hace calor hoy. Debería usar unas más finas.

JUAN   (*Mientras se pone una camisa.*) Deme unas, por favor.

CAMARERO   Ahorita mismo.

        (*Sale* TIFFANY *con un vestido espectacular.*)

TIFFANY   ¿Qué tal?

        (*Pausa.*)

JUAN   Estás… estás increíble.

TIFFANY   Parece que hayas visto un espíritu.

JUAN   Estás preciosa. Vas a ser la envidia de toda la corte real.

(*Entra el* CAMARERO *con una prenda.*)

CAMARERO   Acá tiene unas calzas. Dese prisa. He mandado enganchar a los caballos.

JUAN   En cinco minutos estamos listos.

TIFFANY   Yo ya estoy lista.

(*Mutis del* CAMARERO.)

JUAN   Sabes, a pesar de que me lleves siempre la contraria...

TIFFANY   Yo no te llevo siempre la contraria.

JUAN   Está bien. No me la llevas, pero...

TIFFANY   Bueno, alguna vez.

JUAN   (*Ríe.*) Dios mío.

TIFFANY   ¿Qué?

JUAN   Es increíble, ¿no te parece?

TIFFANY   ¿El qué?

JUAN   Que estemos aquí, en Madrid, en esta increíble casa, a punto de ser recibidos por la reina.

TIFFANY   Lo mereces. Fuiste muy valiente y honesto.

(Pausa.)

JUAN   Ya. Justo de eso quería hablarte.

TIFFANY   ¿De qué?

JUAN   Igual no fui tan honesto.

TIFFANY   ¿Qué quieres decir?

JUAN   Verás. Pasaron muchas cosas. Nadie sabía bien cuánto dinero había en esas guitarras... y... me quedé un pellizquito.

TIFFANY   ¿Un pellizquito?

JUAN   No creerás que este palacete se pudo comprar solo con el dinero de la venta de tu casa de huéspedes, el establo y la recompensa por One-Eye James.

TIFFANY   ¡No te puedo creer! ¿Y has esperado hasta hoy para decírmelo?

JUAN   No encontraba el momento, la verdad. Me siento muy avergonzado.

TIFFANY   ¡Juan!, ¡Yo también me siento muy avergonzada!

JUAN   ¿Por qué?, no es culpa tuya. Mira, devolveré el dinero.

TIFFANY   ¿Cuánto fue?, ¿cuánto te quedaste?

JUAN   Un pellizco.

TIFFANY   ¿Cuánto?

JUAN   Cincuenta mil.

TIFFANY   Dios mío…

JUAN   Lo siento.

TIFFANY   Espero que tuvieran suficiente con nove-
            cientos mil dólares.

JUAN   No, querida, solo me llevé cincuenta mil. O
            sea, les entregué novecientos cincuenta mil
            dólares.

TIFFANY   ¡No!, ¡les entregaste novecientos mil, Juan!

JUAN   Oye, sé contar. Mil menos cincuenta son no-
            vecientos cincuenta.

TIFFANY   ¡Nadie dice que no sepas contar!

JUAN   ¡Pues no me contradigas!, ¿hasta en esto me
            vas a llevar la contraria?

TIFFANY   Está bien, no te contradigo. Y…

JUAN   Espero que sepas perdonarme. Una persona
            tan decente y honesta como tú merece, al

menos, que su marido sea sincero. De verdad, necesitaba decírtelo. No podía vivir con esto.

TIFFANY   Claro, claro… eh… (*Un tiempo.*) Te perdono y… Te amo. Te amo mucho, Juan.

JUAN   Yo también te amo.

TIFFANY   ¿Seguro?

JUAN   ¡Sí!

TIFFANY   Yo también.

Oscuro.

Final.

Esta primera edición de *La doctrina Monroe*,
de Ignasi Vidal, terminó de imprimirse
en mayo de dos mil veinticinco,
en Madrid.